LA ESENCIA DE CRIAR

Cómo cultivar hábitos saludables y bienestar emocional en la infancia para toda la vida.

Rosalina Rangel

**Dedico este libro
a mis hijos:**

Me hacen crecer cada día,
me fortalecen,
me iluminan con sus ocurrencias
 y me recuerdan
que la vida tiene mucho más para ofrecer.

Juan José y Samuel Pinto

Una invitación a la mesa

Bienvenida a este espacio diseñado especialmente para ti. Si tienes este libro en tus manos, es porque guardas en tu corazón el deseo profundo de guiar la vida de tus hijos con sabiduría y propósito, y antes de comenzar este recorrido por las herramientas que la psicología y la ciencia nos brindan, quiero que te detengas un momento para respirar con absoluta tranquilidad.

A menudo, la maternidad se presenta como una búsqueda de perfección, pero aquí descubriremos una verdad mucho más reconfortante: la meta es la presencia, pues lo que tus hijos realmente necesitan para crecer con seguridad es tu disposición para estar a su lado, fortaleciendo ese vínculo único que solo ustedes comparten.

Tu amor, tal como es hoy, es el cimiento más sólido sobre el que ellos construyen su mundo.

Cuentas con la materia prima necesaria para esta labor; tu experiencia, tu entrega y tu intención diaria son recursos valiosos que nacen de la abundancia de lo que ya estás sembrando con dedicación.

A lo largo de estas páginas, exploraremos hábitos, límites y principios de salud emocional con la certeza de que este viaje tiene una dirección clara y ascendente, donde la constancia de hoy se convierte en la seguridad del mañana.

Al avanzar juntas, descubrirás que la madurez de tu camino revelará con el tiempo una calidad de relación más profunda, asegurándonos que cada paso dado en el presente es la semilla de una

alegría que se vuelve más rica y dulce con los años,
porque bajo la bendición de la gracia, lo mejor de tu
historia se está preparando hoy.

Rosalina Rangel

TABLA DE CONTENIDO

Capítulo 1

El lugar que ocupa una madre

"Educar no es controlar al niño,
es prepararlo para la vida."

— Içami Tiba, Quem Ama, Educa! (2002).

Muchas mamás aman profundamente a sus hijos.
Los cuidan, los escuchan y se esfuerzan cada día por
hacerlo todo bien.

Sin embargo, en medio de tantas voces, consejos y
nuevas corrientes de crianza, muchas han
comenzado a sentirse confundidas, cansadas y con
miedo constante a equivocarse.

Cada día es un nuevo desafío, no solo parental, sino
también social y familiar.

Apenas compartes la noticia de que estás
embarazada y ya comienzan a llegar opiniones.

Consejos bien intencionados, recomendaciones
heredadas, frases repetidas una y otra vez.

Muchos vienen desde el amor, pero entre ellos
suelen ser contradictorios.

"Tienes que ser amiga de tus hijos", me decían.
Mi corazón palpitaba con fuerza.

Me preguntaba de dónde había salido esa idea.
Siempre había escuchado que madre no hay sino
una.

Amigos tendrían muchos a lo largo de su vida, pero
ese lugar único de ser su mamá solo lo tenía yo.
Aun así, por dentro me carcomía el miedo de estar
equivocada, de no estar haciendo lo correcto, de no
ser para mis hijos todo lo que me había propuesto
ser.

Entonces comenzaron las preguntas:
¿En qué consiste realmente una crianza
responsable?

¿Dónde termina el amor y comienza la autoridad?

¿Es posible criar con ternura sin renunciar al rol de
guía?

Para entender cómo llegamos hasta aquí, es necesario mirar un poco hacia atrás.

Durante muchos años —desde el siglo XIX hasta bien entrado el siglo XX— la educación en Europa y América Latina estuvo marcada por un modelo de autoritarismo tradicional, basado en la obediencia ciega.

El niño era visto como un "adulto pequeño" que debía trabajar, servir y obedecer sin cuestionar. "La letra con sangre entra" era una frase común, aceptada y normalizada.

Recuerdo escuchar a mi abuelo contar su historia. Era el mayor de ocho hermanos y, tras la muerte de su padre, con apenas catorce años, dejó la escuela para ayudar a su madre.

No solo abandonó sus estudios, también dejó atrás su sueño de ser arquitecto.

Terminó trabajando en el taller de carpintería que había pertenecido a su padre, mientras uno de sus hermanos pudo continuar estudiando.

En aquel tiempo, abandonar la escuela para trabajar era algo común.

La educación era rígida, jerárquica y unidireccional.

En casa y en la escuela, la autoridad se imponía sin diálogo; el adulto era el dueño del saber y el niño asumía un rol pasivo, con poco espacio para la creatividad, el pensamiento crítico o la autonomía.

La disciplina se sostenía en el miedo, el castigo y la amenaza.

El niño aprendía a obedecer por sumisión, no por comprensión ni responsabilidad.

Hoy, muchos adultos mayores recuerdan esas etapas con relatos que dejan ver heridas profundas: baja autoestima, violencia normalizada, miedo a equivocarse y una obediencia que reemplazó el desarrollo del pensamiento propio.

La crianza también ha cambiado con el tiempo.

La forma en que educamos a nuestros hijos no surge de la nada.

Es el resultado de contextos sociales, culturales y emocionales que han ido transformándose generación tras generación.

Entre las décadas de 1950 y 1970, en gran parte de Estados Unidos y del mundo occidental cristiano, predominó una crianza normativa y religiosa, centrada en el deber, la moral rígida y el miedo al castigo —divino o social—.

Los roles familiares estaban claramente definidos y la obediencia era considerada una virtud incuestionable.

Más adelante, entre los años 80 y 90, con la incorporación masiva de ambos padres al mercado laboral, especialmente en contextos urbanos y países desarrollados, surgió lo que el psiquiatra brasileño Içami Tiba llamó la crianza de sustitución. El tiempo compartido comenzó a ser reemplazado por objetos, regalos y estímulos.

Apareció entonces el concepto del "hijo objeto": un niño al que se le ofrece mucho, pero se le exige poco.

Con la llegada del nuevo milenio, especialmente entre los años 2000 y 2015, tomó fuerza la llamada crianza helicóptero. Padres presentes, atentos y bien intencionados, pero excesivamente protectores.

Adultos que sobrevuelan constantemente la vida de sus hijos para evitarles cualquier frustración, error o dolor, creyendo que así los protegen.

Y en los últimos años, impulsada por redes sociales, libros y movimientos digitales, ha emergido la crianza consciente, también conocida como crianza "faro".

Una propuesta que busca conectar emocionalmente con el niño, validar sus sentimientos y acompañar su autonomía.

Criar con conciencia es el fundamento de una autoridad verdadera, donde el amor, la presencia y la responsabilidad se unen para guiar el corazón de nuestros hijos con gracia.

Aquí surge la figura del "hijo sujeto": un niño reconocido como individuo, con voz y emociones propias.

Este último enfoque nace de una intención profundamente valiosa: no repetir los errores del pasado.

Sin embargo, en muchos hogares, la búsqueda de conexión ha ido acompañada de una pérdida de claridad en el rol adulto.

Así, sin darnos cuenta, pasamos de modelos rígidos a modelos difusos.

Del control excesivo al miedo a poner límites, de la obediencia forzada a la negociación constante.

En medio de este recorrido, dos voces resultan especialmente claras para entender lo que hoy viven muchas familias.

La psicóloga del desarrollo Diana Baumrind fue una de las primeras en estudiar de manera sistemática los estilos de crianza.

A través de sus investigaciones, identificó que no todos los modelos educativos producen los mismos efectos en los niños.

Baumrind describió tres grandes estilos parentales —que más tarde se ampliaron—, pero uno de ellos destacó por encima del resto: el estilo autoritativo.

Este modelo combina afecto, comunicación y límites claros.

Ni dureza extrema, ni permisividad sin dirección. Según sus estudios, los niños que crecen en entornos donde existe amor, pero también normas firmes y coherentes, desarrollan mayor seguridad emocional, mejor autorregulación y un sentido más sólido de responsabilidad.

Es decir, no es la ausencia de límites lo que fortalece al niño, sino la presencia de adultos que saben guiar con claridad.

Desde América Latina, el psiquiatra brasileño Içami Tiba observó un fenómeno similar desde la práctica clínica.

Para él, uno de los mayores errores de la crianza moderna fue la confusión de roles dentro de la familia.

Tiba insistía en que padres no son amigos.

Son referentes, modelos y responsables de preparar a sus hijos para la vida en sociedad.

Cuando los adultos renuncian a ese lugar por miedo a frustrar o incomodar, el niño queda sin estructura.

Fue él quien habló del "hijo objeto": aquel niño al que se le ofrece todo, pero se le exige poco.

Un niño rodeado de estímulos, pero falto de límites.

Y advirtió que esta forma de crianza no genera libertad, sino inseguridad.

Tanto Baumrind como Tiba, desde contextos distintos, coinciden en algo fundamental: los niños necesitan amor, pero también dirección.

Necesitan ser escuchados, pero no cargar con decisiones que aún no pueden sostener.

Después de tantos modelos, teorías y corrientes, la pregunta sigue siendo la misma: ¿qué necesitan realmente nuestros hijos?

La psicología y la experiencia coinciden en algo sencillo, aunque no siempre fácil: Los niños necesitan adultos que los amen profundamente, pero que no renuncien a guiarlos.

La autoridad bien ejercida le da luz a la infancia.

La protege, le da estructura y le da rumbo.

La Biblia lo expresa con una claridad serena:

"Instruye al niño en su camino,
y aun cuando sea viejo no se apartará de él."
— Proverbios 22:6

Criar con amor y firmeza es asumir con responsabilidad el lugar que nos fue confiado.

En el universo de Hanna

"El amor pone límites"

Hanna estaba sentada en el suelo de la sala, rodeada de piezas de colores.
Había sacado todos los juguetes del canasto y ahora intentaba construir algo que solo existía en su imaginación.
—Solo cinco minutos más —dijo sin levantar la mirada.
Su mamá la observó en silencio.
Conocía bien esa escena.
Sabía que, si no intervenía ahora, esos cinco minutos se convertirían en veinte, y luego en cansancio, frustración y una noche difícil.
—Hanna —dijo con voz suave—, es hora de guardar.
Hanna frunció el ceño.
Apretó una pieza entre sus manos y negó con la cabeza.
—Pero todavía no terminé.
Su mamá se agachó a su lado.
No levantó la voz.
No explicó demasiado.
—Entiendo que quieras seguir —respondió—.
Y aun así, es momento de ordenar.
Hanna suspiró con fuerza.
Sus ojos se llenaron de enojo y tristeza al mismo tiempo.

Por un instante, su mamá sintió el impulso de ceder, de dejar pasar y de evitar el llanto.
Pero no lo hizo.
Se quedó ahí, presente.
Firme.
Cerca.
—Yo te ayudo —añadió—, pero vamos a guardar.
Hanna no estaba feliz.
Guardó las piezas lentamente, arrastrando los pies.
No fue una escena perfecta.
Sin embargo, cuando el último juguete volvió al canasto, algo cambió.
El cuerpo de Hanna se relajó.
El ceño se suavizó.
La sala quedó en calma.
Más tarde, antes de dormir, Hanna se acurrucó junto a su mamá.
—Gracias por ayudarme —dijo en voz bajita.
Su mamá la abrazó.
No había sido su amiga en ese momento.
Había sido su guía.

Amar es la presencia firme que protege el corazón del niño.

Capítulo 2

El cerebro del niño necesita estructura

"Para que un niño se sienta seguro y desarrolle un cerebro integrado, necesita la estructura de límites claros combinada con la calidez de una conexión profunda." — Adaptación de "El cerebro del niño"

— Daniel J. Siegel. The Whole-Brain Child

Mientras vivía en Brasil conocí a una mujer muy amorosa y protectora de su hijo.

A este niño lo llamaremos Mateo.

Mateo se volvió el mejor amigo de mi hijo menor. Estaban en K-4 (preescolar), y mi hijo siempre llegaba a casa con historias sobre él. Muchas veces no quería jugar porque, según decía, "todo le daba miedo".

Mi hijo no lo entendía y me preguntaba por qué Mateo tenía miedo de tirarse por el resbalador, de pedir una segunda ración de frijoles o de jugar fútbol.

Un día fuimos a su casa y algo nos llamó profundamente la atención.

La casa estaba completamente cubierta con mallas de protección. Parecía una prisión.

Era una hermosa casa de dos pisos, pero no había una sola ventana sin malla. Su madre incluso había elegido una casa sin piscina, por miedo a que Mateo pudiera lanzarse al agua sin que ella lo notara.

Ver esto fue inquietante.

En contraste, mi decisión había sido enseñarle a nadar a mi pequeño y, si se caía, ayudarlo a levantarse.

Y aun así, me sentí una mala madre por no ofrecerle más protección.

Entonces surgió la pregunta:

¿cuál es la forma correcta?

Con el paso de los años —y también después de algunos tropiezos— he descubierto que no existe una única manera correcta de criar.

Sin embargo, sí hay principios que necesitamos comprender para equilibrar nuestra labor como madres.

Nuestros hijos necesitan seguridad, pero también espacio para desarrollar independencia.

Necesitan sentirse sostenidos, sin sentirse atrapados.

Y encontrar ese equilibrio no siempre es sencillo. Antes de mencionar a algunos psicólogos y psiquiatras que nos ayudan a comprender este proceso, quiero detenerme en una verdad que nos coloca a todos en el mismo lugar de aprendizaje. Una verdad que nace de la sabiduría.

La Biblia lo expresa así:

"Cualquiera, pues, que me oye estas palabras y las hace, le compararé a un hombre prudente, que edificó su casa sobre la roca."
— Mateo 7:24

La **estructura** —formada por límites y valores— es esa roca que permite que el niño no se derrumbe cuando llegan las tormentas de la vida.

Aquí es donde realmente comienza este capítulo: en la necesidad de definir límites y valores que den estructura tanto al cerebro como al corazón de nuestros pequeños.

Aunque hemos estado familiarizados con la idea de los límites desde nuestra infancia, a muchos de nosotros aún nos cuesta definirlos con claridad.

Basta recordar aquellas lecciones de geografía en las que aprendíamos a identificar fronteras: sabíamos con precisión dónde terminaba un país y dónde comenzaba otro.

Una definición que se me quedó grabada desde

entonces es esta:

Un límite es el punto donde termina mi libertad y comienza la del otro.

Qué definición tan sencilla y, a la vez, tan profunda.

Los valores, por su parte, pueden entenderse como una brújula interior: esa que nos orienta para decidir qué camino tomar, permitiéndonos avanzar sin dañar a otros y creando espacios donde todos puedan sentirse seguros.

La estructura en la infancia es como un mapa.

Un mapa que evita que el cerebro del niño se pierda en el bosque del caos.

Cuando damos orden a sus días —a través de hábitos, rutinas y pequeños momentos repetidos—
estamos ayudando a formar un cerebro capaz de mantenerse en calma incluso cuando llegan las tormentas.

Daniel J. Siegel, médico estadounidense y profesor clínico de psiquiatría en la Universidad de California en Los Ángeles, explica que el bienestar emocional depende de algo que él llama **integración**.

Para entenderlo, propone una imagen sencilla: imaginar el cerebro como un río que fluye entre dos orillas.

En una orilla está el **caos**.

Ahí el niño se siente desbordado por emociones intensas, miedos y una sensación constante de falta de control. Es el lugar de la ansiedad, de los estallidos, del "no puedo más".

En la otra orilla está la rigidez.

Un espacio de control excesivo, poca flexibilidad y miedo a equivocarse. Aquí no hay desborde, pero tampoco libertad para respirar.

El desarrollo sano ocurre en el centro del río, cuando el cerebro puede fluir sin caer en ninguno de los extremos.

El problema es que el cerebro del niño —especialmente la parte encargada de regular emociones y tomar decisiones— aún está en construcción.

Todavía no puede sostenerse solo.

Por eso necesita algo externo que lo ayude a mantenerse en equilibrio.

Aquí es donde entra la estructura.

Las rutinas, los límites claros y la predictibilidad funcionan como un andamio.

No reemplazan al niño, pero lo sostienen mientras crece.

Cuando no hay estructura, el cerebro permanece en alerta constante.

Al no saber qué va a pasar después, el sistema de defensa se activa una y otra vez, buscando peligros incluso donde no los hay. El cuerpo entra en modo supervivencia.

En cambio, cuando el niño sabe qué viene después —por ejemplo, que después del devocional llega el tiempo de dibujar— su sistema nervioso puede relajarse.

El cerebro deja de defenderse y puede pasar del estado de alerta al estado de aprendizaje.

Siegel explica que un cerebro capaz de anticipar el futuro inmediato es un cerebro que se siente seguro.

Y esa sensación de seguridad es la base sobre la que, con el tiempo, se construye la autorregulación.
Pero hay algo más importante aún:
la estructura solo funciona cuando va acompañada de conexión emocional.
Siegel lo resume en una idea sencilla: conectar antes de redirigir.
Cuando hay reglas sin vínculo, el cerebro se desliza hacia la rigidez.
Cuando hay amor sin estructura, se pierde en el caos.
La integración ocurre cuando el niño se siente sostenido y guiado al mismo tiempo.
Desde esta mirada, la estructura le ofrece al niño lo que Siegel llama las cuatro S:
sentirse seguro (safe), visto (seen), calmado (soothed) y estable (secure).
Es desde ahí —y no desde el miedo— que puede crecer la confianza.
Educar a nuestros hijos es, probablemente, el mayor desafío de nuestra vida.
Cada día nos esforzamos por ser mejores padres, observándonos y comparándonos, muchas veces sin darnos cuenta, con las familias que nos rodean.
En cada hogar vemos estilos distintos, resultados distintos, caminos distintos.
Y en medio de esa diversidad, solemos convertirnos en nuestros jueces más duros.
Como exploramos anteriormente al conocer el trabajo de Diana Baumrind, sus investigaciones no solo fueron teóricas, sino profundamente prácticas.
Si bien en sus inicios esta teoría se centró en tres pilares fundamentales, con el tiempo y el

seguimiento de más de cien familias desde el preescolar hasta la adolescencia, su modelo se amplió para identificar con mayor precisión cómo las distintas formas de educar dejan huellas visibles en el desarrollo emocional y conductual de los niños.

Para comprender mejor esta influencia, profundizaremos ahora en los cuatro grandes estilos de crianza que completan su estudio. Recordando el estilo autoritativo —ese que busca el equilibrio entre el afecto y los límites claros—, podemos contrastarlo con los demás modelos para entender por qué algunos resultan más efectivos que otros:

- **El estilo autoritario**: donde las reglas se imponen sin diálogo y la obediencia se exige por medio del miedo o el castigo. En estos hogares, los niños suelen aprender a cumplir normas, pero les cuesta tomar decisiones, manejar la frustración y confiar en sí mismos.
- **El estilo permisivo**: padres amorosos y comunicativos, pero con pocos límites claros. Aunque estos niños suelen sentirse escuchados, la falta de estructura puede llevarlos a la impulsividad, la inmadurez y dificultades para autorregularse.
- **El estilo democrático** (o autoritativo): considerado el más equilibrado. Aquí, los padres combinan afecto con límites firmes, escuchan a sus hijos y explican, pero no renuncian a su rol de guía. Los niños que crecen en este entorno suelen desarrollar mayor autoestima, responsabilidad y confianza.

- **El estilo negligente**: este cuarto estilo, que completa la investigación, se caracteriza por la ausencia emocional. Padres que cubren lo básico, pero están poco presentes. Este tipo de crianza deja profundas heridas, ya que el niño crece sin sentirse visto, acompañado ni sostenido.

Al explorar estos estilos, descubrimos que nuestra forma de criar es un proceso vivo que se adapta a cada etapa y situación. Ninguno de nosotros pertenece exclusivamente a un solo modelo; por el contrario, nos movemos entre ellos con naturalidad, encontrando en esa flexibilidad la respuesta que cada momento requiere.

Esta comprensión nos ofrece el regalo de la conciencia: la claridad para elegir cómo deseamos acompañar a nuestros hijos hoy.

Criar con estructura es un acto de seguridad en nuestras decisiones y una de las formas más profundas de cuidado. Al brindar una guía clara, ofrecemos a nuestros hijos el sostén que necesitan para procesar sus emociones y fortalecer su carácter.

En este camino de presencia y límites amorosos, no solo preparamos a nuestros hijos para la vida, sino que nos transformamos en el referente sereno y seguro que nuestra familia necesita.

En el universo de Hanna

"Lo que crece aunque no se vea"

Hanna estaba agachada junto a una pequeña maceta de barro.
 La había regado con cuidado todos los días.
 Había esperado.
 Había contado las horas.
Pero la tierra seguía igual.
—Ya pasó mucho tiempo —dijo, con el ceño fruncido—.
 El frijol no está creciendo.
Dogui, su perro fiel, ladeó la cabeza al verla tan inquieta.
 Sagu, su conejo sabio, observó la maceta con atención.
 Michiko, su gato serio, cruzó las patas y miró la tierra en silencio.
Hanna no pudo resistirlo más.Con sus dedos pequeños comenzó a apartar la tierra, con cuidado al principio...
 y luego con desesperación.
—Tal vez no sirvió —murmuró—.
 Tal vez hice algo mal.
Su mamá se acercó y se sentó a su lado.
—¿Qué estás buscando? —preguntó con suavidad.
—La plantita —respondió Hanna—.
 No está saliendo.
Su mamá tomó un poco de tierra entre sus manos y la apartó con calma.

Entonces aparecieron.

Raíces. Blancas. Delgadas. Firmes.

—Mira —dijo—.

Antes de que algo crezca hacia arriba, primero necesita crecer hacia abajo.

Hanna observó en silencio.

—Pero no se ve bonito —dijo—.

No parece una planta.

Su mamá sonrió.

—Las raíces no están hechas para verse —respondió —.

Están hechas para sostener.

Volvió a cubrir la tierra con cuidado.

—La paciencia es una raíz —continuó—.

Los valores también lo son.

No siempre se ven de inmediato, pero están haciendo su trabajo.

Hanna se quedó mirando la maceta.

No había hojas.

No había flores.

Pero ahora sabía que algo estaba pasando ahí abajo.

Se levantó, respiró hondo y dejó la maceta en su lugar.

—Entonces... ¿solo espero? —preguntó.

—Esperas —dijo su mamá—.

Y sigues cuidando.

Hanna asintió.

Finalmente entendió que crecer también tiene su tiempo.

La estructura es el apoyo constante que sostiene el desarrollo de nuestros hijos.

Capítulo 3

Cuando el límite provoca emociones

"El límite no falla porque hay llanto;
 el llanto es el proceso a través del cual el niño acepta
la realidad."

— Rudolf Dreikurs, Children: The Challenge (1964)

Confrontando mis propios paradigmas

Durante mucho tiempo creí que el ruido, el desorden y el caos eran parte inevitable de la infancia.

Como he vivido en distintos países, tuve la oportunidad de observar cómo se cría y se educa a los niños en contextos culturales muy diferentes, y esas experiencias me confrontaron más de una vez. En Brasil, por ejemplo, me impactó la tranquilidad de la escuela a la que asistían mis hijos. Entraba a las aulas y parecía que no había clases. El ambiente era sereno, los niños se movían con libertad, y aun así había orden.

Venía de Colombia, donde había trabajado como profesora de matemáticas y física, acostumbrada a jornadas largas, ruido constante y agotamiento al final del día. Ver ese contraste me dejó pensando: ¿cómo habían logrado ese equilibrio sin gritos ni tensión permanente?

Al mismo tiempo, también me encontré con mis propias reacciones como madre.

Si un niño no obedecía, venía el reclamo fuerte. No lo digo con orgullo, pero sí con honestidad.

Más adelante, viviendo en Canadá, visité a una familia joven cuyos hijos eran algunos años menores que los míos. Mientras conversaba con la madre —practicando mi inglés—, su hija comenzó a correr alrededor de la mesa. Sobre la mesa había un vaso de agua de vidrio y, al lado, una computadora.

Yo observaba la escena con nerviosismo. En mi mundo, servirle a una niña pequeña en un vaso de vidrio era impensable.

La madre le advirtió varias veces que tuviera cuidado. La niña no hizo caso y ocurrió lo esperado: el vaso cayó, el agua se derramó y la niña miró asustada a su mamá.

Yo, casi de manera automática, me preparé para el llanto, el grito, el miedo.

Pero eso no ocurrió.

La madre se acercó con calma y le dijo:

—Ey, no te muevas. Fue un accidente.

Limpió el desastre y protegió a su hija de que el vidrio pudiera causarle daño.

Esa escena se quedó conmigo.

Hasta el día de hoy, estos dos episodios —Brasil y Canadá— siguen rondando en mi mente.

No se trata de quién tenía la razón, pero hoy me pregunto:

¿qué hacemos los adultos frente a la emoción del niño?

El verdadero desafío: sostener el llanto.

Poner un límite no suele ser lo más difícil de la crianza.

Lo verdaderamente desafiante es sostenerlo cuando provoca llanto, enojo o frustración.

Ver llorar a nuestros hijos nos activa.

Queremos ayudar, calmar y resolver.

A veces, incluso, queremos evitar que sientan ese malestar a toda costa.

Se suele decir que **privar a un niño de la frustración es privarlo del desarrollo de la resiliencia.** Pero entonces aparece la duda inevitable: ¿cuánta frustración es aceptable?,

¿dónde está el límite entre acompañar y permitir demasiado?

No pretendo responder estas preguntas de manera absoluta.

Pero si como padre o madre te has hecho estas mismas preguntas, quizá te tranquilice saber que no estás solo.

Rudolf Dreikurs, psiquiatra y educador austríaco, se interesó profundamente en el comportamiento infantil desde un ángulo poco explorado hasta entonces.

Para él, los niños buscan algo esencial: **sentirse importantes y tenidos en cuenta dentro de la familia**.

Cuando un niño no logra satisfacer esa necesidad de manera positiva, puede recurrir a conductas desafiantes. Dreikurs identificó algunas de ellas, como la búsqueda excesiva de atención, la lucha por el poder, la venganza o lo que llamó incompetencia asumida: ese estado en el que el niño está tan convencido de que no puede tener éxito en lo que hace que deja de intentarlo por completo. Estas conductas no aparecen de la nada. Son intentos —fallidos, pero comprensibles— de pertenecer.

Y aquí aparece una verdad difícil de aceptar: *muchas veces, por evitar el llanto o el conflicto, terminamos reforzando justamente aquello que queremos corregir.*

Dreikurs fue claro en algo: *no podemos proteger a nuestros hijos de la vida; por lo tanto, debemos prepararlos para ella.*

Cuando sentimos demasiada pena frente a la

frustración de nuestros hijos, corremos el riesgo de rescatarlos una y otra vez. Y al hacerlo, sin darnos cuenta debilitamos su capacidad de enfrentar la realidad.
 Debemos acompañar sin anular.

Límites, participación y consecuencias

Dreikurs también observó que cuando los niños participan —de manera acorde a su edad— en la vida familiar, suelen mostrarse más cooperativos y seguros.
 Cuando pueden ayudar, opinar y comprender las normas, es más probable que las respeten, no por miedo, sino por sentido de pertenencia.
En lugar de castigos arbitrarios, propuso trabajar con consecuencias:

- **Consecuencias naturales**: lo que ocurre sin intervención del adulto (si no comes, tendrás hambre).

- **Consecuencias lógicas**: acordadas previamente y relacionadas directamente con la conducta (si derramas la leche, ayudas a limpiar).

Las consecuencias enseñan responsabilidad dentro de un marco de respeto. El amor real se enfoca con ternura en el bienestar a largo plazo, brindando al niño la oportunidad de transitar sus propias incomodidades como una muestra de confianza profunda en su capacidad de crecer.
Hasta aquí hemos visto que disciplinar es un acto de

amor
Pero cuando profundizamos en lo que significa
amar de verdad, encontramos una verdad que no
solo nos guía, sino que también nos da seguridad.

*"Porque el Señor al que ama, disciplina,
 como el padre al hijo a quien quiere."*
— Proverbios 3:12

En este versículo, Dios nos muestra su corazón
como Padre.
 No presenta la disciplina como castigo, sino como
una expresión de amor.
 Incluso da por sentado algo importante: **quien
ama, disciplina.**
Muchos de nosotros hemos llorado en algún
momento de la vida y, con el tiempo, hemos
logrado reconocer a Dios incluso a través de ese
proceso.
 La incomodidad no anuló el amor; lo reveló.
De la misma manera, cuando entendemos la
disciplina como un acto de amor, podemos
acompañar a nuestros hijos con mayor claridad y
menos culpa.
 Guiarlos por el camino correcto significa
prepararlos para caminar con firmeza. Y es allí
donde aparece la promesa: cuando son dirigidos
con amor y verdad, aun al crecer mantendrán ese
camino en su corazón.
 Acompañar la frustración de nuestros hijos es un
proceso profundo que nos permite conectar con
nuestras propias emociones, con nuestras historias
y con el deseo natural de proteger su bienestar.

Llorar, enojarse o resistirse indica que el niño está enfrentando una realidad que aún está aprendiendo a manejar. Nuestro papel es permanecer presentes mientras ese proceso ocurre. Sostener el límite acompañando el llanto, es una forma de amor que abraza el bienestar futuro y mira con esperanza más allá del momento inmediato.

Educar se trata de acompañar a nuestros hijos mientras aprenden a atravesar cada incomodidad. En ese camino —con errores, dudas y aprendizajes — también nosotros crecemos, aprendiendo a amar con firmeza y a guiar con responsabilidad.

En el universo de Hanna

"Cuando entender cambia la forma de mirar"

Hanna estaba sentada en el suelo dando de comer a su muñeca.
 La había acomodado con cuidado, como si fuera un bebé de verdad.
Sagu, su adorable conejo, fingía ser el padre.
 Dogui, siempre feliz, hacía de hermano mayor.
 A Michiko, su gato serio, le había tocado el papel más incómodo: el hermano menor.
Hanna no estaba imitando a nadie en particular;
 solo estaba jugando a cuidar, como hacen los niños cuando intentan entender el mundo.
Su mamá los observaba a cierta distancia.
Por un momento, el juego fluía sin problemas.
 Hasta que Hanna se detuvo de golpe.
Dejó la muñeca a un lado, cruzó los brazos y frunció el ceño.
—Esta nena no para de llorar —dijo molesta—.
 Ya me cansó.
 Por hoy, el juego se acabó.
Sagu levantó las orejas.
 Dogui dio un pequeño salto.
 Michiko se quedó inmóvil.
—Hanna —preguntó finalmente—,
 ¿por qué crees que esta nena llora tanto?
Hanna no respondió de inmediato.
Miró a la muñeca.
Luego miró a Michiko, que seguía serio en su

papel de hermano menor.
—No sé... —murmuró—.
Tal vez tiene hambre.
O está cansada.
O no sabe decir lo que quiere.
Su mamá asintió.
—¿Y qué crees que necesita cuando llora así?
Hanna suspiró.
—Que alguien la cargue...
o que la ayude...
o que no la deje sola.
La muñeca seguía en el suelo.
Hanna la miró un momento más largo esta vez.
No parecía menos molesta,
pero algo había cambiado.
Descruzó los brazos, tomó a la muñeca y la sostuvo
con cuidado.
—Está bien —dijo—.
Voy a seguir jugando...
pero necesito ayuda.
Su mamá sonrió.
No resolvió el juego.
No dio instrucciones.
Solo se quedó cerca, observando.
Y Hanna siguió jugando,
porque empezó a entender el llanto.

No hagas por tu hijo aquello que él puede aprender a hacer por sí mismo; cada vez que lo haces, le quitas la oportunidad de descubrir su propia fuerza.

Capítulo 4

El niño necesita adultos constantes

"La confianza en la figura de apego es la base sobre la cual se construye una personalidad estable y segura."

— John Bowlby, A Secure Base (1988)

El niño necesita adultos predecibles

Hablar de permanecer presentes en la vida de nuestros hijos nos lleva inevitablemente a pensar en la realidad de las familias hoy.
 Vivimos en una época en la que existen distintos contextos familiares: hogares monoparentales, padres ausentes, niños criados por abuelos o acompañados por nanas que participan de manera genuina en la crianza afectiva.
Este tema podría extenderse mucho más y daría para escribir un libro completo.
 Por ahora, quiero volver al centro: el niño.
Más allá de las circunstancias, todo niño necesita padres —o al menos un adulto responsable— que permanezca de manera estable en su vida y asuma con amor la tarea de criarlo y educarlo en sus primeros años.
Una de las preguntas que surge de forma natural es la del apego.
Como seres humanos, nos apegamos a las personas que nos rodean y ejercen influencia sobre nosotros. En la infancia, este vínculo no es opcional: es vital.
 Los niños, especialmente durante el período de lactancia, desarrollan un apego profundo con su madre.
Recuerdo que muchas veces me decían:
 —No cargue tanto al niño, que lo va a malcriar.
En ese momento, aunque la lactancia fue un proceso doloroso y exigente, después de nueve meses el apego que yo sentía por esa pequeña criatura —perfecta ante mis ojos— era inmenso.
 Y esa experiencia me llevó a preguntarme:

A veces pensamos, de manera equivocada, que el apego y los límites son conceptos opuestos.

Pero no lo son.

Sin vínculo, el límite se vive como agresión.

Sin límites, el apego se convierte en sobreprotección que debilita al niño.

Bowlby hablaba de la madre como un puerto seguro al que el niño puede regresar para recargarse, pero también como la rampa que lo impulsa a salir nuevamente.

La crianza saludable ocurre cuando el adulto acompaña al niño en sus dificultades, permitiéndole transitar sus propios procesos y aprender de los obstáculos del camino.

El apego seguro, se construye cuando el adulto acompaña al niño mientras enfrenta el obstáculo, ofreciéndole el consuelo necesario para no rendirse.

Atender la emoción no es negociar el límite. Si un niño llora porque no hay dulces, una madre con apego seguro puede abrazarlo y decirle:

—Entiendo que estés triste. Me duele que sufras. Pero la regla sigue en pie.

Aquí hay presencia emocional y también constancia.

Hay apego y hay disciplina.

Responder al estrés de un niño es un acto de cuidado que estabiliza su sistema nervioso, creando el estado de calma necesario para que el aprendizaje suceda.

Un cerebro en pánico no aprende; solo sobrevive. Durante mucho tiempo me sentí confrontada por la idea de que, como madre, debía estar disponible las

¿cómo puede algo tan natural y necesario verse como algo dañino?

¿Apego o dependencia?

 A lo largo de los años, al conocer personas de distintas culturas, he observado cómo la seguridad interior facilita la construcción de vínculos sanos y estables. Esta armonía en las relaciones —con la familia o con los amigos— nace de patrones de conexión que a menudo se reflejan en nuestros hijos y en la manera en que ellos se relacionan con los demás.

John Bowlby, psiquiatra y psicoanalista británico, desarrolló la teoría del apego y brindó una comprensión profunda sobre las relaciones humanas y el desarrollo emocional. Su trabajo parte de una idea central: los niños poseen un sistema biológico orientado a buscar la proximidad de un cuidador para asegurar su bienestar y su supervivencia emocional.

Cuando un niño percibe que su figura de apego está disponible y responde con sensibilidad a sus necesidades, habita en un estado de seguridad. Es precisamente esa certeza la que le brinda el coraje necesario para explorar el mundo con confianza.

Aquí aparece lo que Bowlby llamó la paradoja del apego:

 Cuanto más seguro y "apegado" se siente un niño a sus padres, más independiente y autónomo se vuelve.

 Esto conecta profundamente con la idea de preparar al niño para la vida, no de retenerlo.

veinticuatro horas del día, muchas veces incluso para satisfacer caprichos.

Esto me agotaba física y emocionalmente, porque esa permanencia absoluta es casi imposible, aun viviendo bajo el mismo techo.

Tuve la fortuna de educar junto a mi esposo, quien de manera amorosa me ofrecía espacios de descanso, especialmente durante los meses de lactancia. Sé que esa no es la realidad de todas las madres, y hoy puedo comprender mejor la frustración y el cansancio que muchas viven.

Ese agotamiento me llevaba, sin darme cuenta, a la inconsistencia al momento de poner límites.

Con el tiempo entendí algo esencial: la madre constante es predecible.

El niño sabe que, si tiene miedo, ella será empática.

Y la madre firme —como diría Dreikurs— es respetuosa: el niño sabe que, si rompe una regla, habrá una consecuencia lógica.

La seguridad del apego se fortalece a través de la constancia; es la estabilidad de nuestra presencia y de nuestros límites lo que permite que el corazón de un niño descanse.

La constancia es, en realidad, uno de los actos de amor más puros, porque libera al niño de la carga de tener que adivinar cómo vendrá mamá hoy.

No quisiera cerrar este capítulo sin volver a la voz más importante que nos guía.

"El Señor es bueno;
su gran amor es eterno,
su fidelidad permanece para siempre."
— Salmo 100:5

Así como la fidelidad de Dios no depende de nuestro comportamiento, la constancia en la crianza no debería depender del humor del niño. Ser constante es reflejar, en lo cotidiano, la fidelidad eterna de Dios.

En el universo de Hanna

"Cuando estar cerca se siente."

Hanna estaba sentada al borde de su cama
hablando con Dogui y Sagu.
 Dogui la escuchaba con atención.
 Sagu, su dulce conejo, asentía como si cada
historia fuera importante.
Michiko estaba un poco más lejos, observándolos.
Hanna hizo una pausa y sonrió.
—¡Tú también estabas en esta historia! —dijo con
alegría, mirando a Michiko.
Michiko levantó la mirada, se acercó y dio un
pequeño brinco a su lado, ronroneando.
Hanna lo acarició con ternura.
—Así me gusta más —dijo—.
 Cuando estamos todos.
Sagu habló con su voz suave:
—Este grupo no está completo si falta uno.
Todos rieron.
Michiko se acomodó cerca de Hanna y dijo:
—Yo siempre te observo, Hanna.
 Aunque no siempre me veas, estoy cerca.
 Y cuando me necesitas, sabes que estoy.
Hanna miró a su alrededor y se sintió segura.
 No necesitó decir nada más.

El apego seguro se construye cuando el adulto es predecible,
accesible y emocionalmente disponible.

Capítulo 5

Educar es formar hábitos con sentido

"La previsibilidad ayuda al cerebro infantil a sentirse seguro y a organizar sus emociones."

— Daniel J. Siegel, The Whole-Brain Child (2012)

Formar hábitos es un proceso profundo de aprendizaje para nosotros, los adultos. Sostenerlos requiere vivir cada rutina como un acto de cuidado y una oportunidad de crecimiento, más allá de la sensación de carga que a veces surge en lo cotidiano. Anhelamos ver organización, responsabilidad y constancia en nuestros hijos, y ese deseo nos impulsa a cultivar esas mismas virtudes en nuestra propia vida.

Y entonces surge una pregunta incómoda, pero honesta:

¿Cómo esperamos formar hábitos en nuestros hijos si primero no los hemos integrado nosotros? No es sencillo, pero es necesario, y comienza con nuestra intención.

Vivimos en un mundo donde la dificultad se resuelve con un clic, donde la espera incomoda y la inmediatez se ha vuelto la norma.

En medio de esa realidad, la formación de hábitos en nuestros hijos no solo sigue siendo necesaria, sino urgente.

Y con esa urgencia aparecen las dudas:

¿A qué edad se forman los hábitos? ¿Será que ya es muy tarde?

¿Qué hábitos realmente les servirán para la vida? Antes de responder estas preguntas, quiero detenerme en algo sencillo, pero importante.

Aún recuerdo cómo, en mi infancia, mi mamá nos mandaba a acostar a las 9:30 de la noche. Esa hora marcaba el final de la franja familiar en la TV y, con ella, el momento de ir a la cama.

No sé cómo harían los padres antes de eso para mandar a dormir a sus hijos, pero lo cierto es que ese límite claro nos daba una pauta.

La hora de dormir siempre ha sido uno de los momentos más difíciles de la crianza.

Muchos niños no están habituados a un solo horario. Durante la semana, la escuela ayuda a mantener el orden; los fines de semana, en cambio, todo suele desorganizarse.

Por eso, en mi tiempo, fue tan valiosa esa creación de hábito, incluso apoyada por algo tan cotidiano como la televisión.

Así como en los años ochenta la música del noticiero nos indicaba, sin necesidad de palabras, que nuestra franja había terminado y era hora de ir a la cama, hoy nuestras rutinas deben cumplir esa misma función.

Deben ser la música que apague el ruido del mundo y encienda el orden emocional en el corazón de nuestros hijos.

Como padres, somos conscientes de la importancia de crear rutinas para brindar estructura y paz. El orden emocional nace de la previsibilidad. Cuando el niño sabe qué esperar de mamá, su sistema nervioso se organiza. Para un niño pequeño, el mundo es un espacio de constante descubrimiento donde la guía del adulto le otorga un sentido de pertenencia y orden.

La previsibilidad le permite sentirse seguro y tener una mínima sensación de control sobre su propia vida.

Desde la neurociencia —como explica Daniel J. Siegel—, cuando un niño sabe qué viene después de qué, su amígdala, el centro del miedo y la alerta, puede relajarse.

Cuando el día es impredecible, el niño vive en alerta roja: su cuerpo produce cortisol y, en ese estado, no puede cooperar ni aprender; solo puede pelear o huir, lo que muchas veces se manifiesta en berrinches.

Cuando el día es predecible, el cerebro entra en un modo ahorro.

La energía que no gasta en adivinar qué va a pasar la utiliza para aprender, crear y conectar.

Muchos padres creen que ser predecibles es ser aburridos o rígidos.

Içami Tiba diría que es todo lo contrario: un niño sin rutinas predecibles es un niño esclavo de sus impulsos y del humor de los adultos que lo rodean; un niño con hábitos claros es un niño libre, porque entiende cómo funciona su mundo y puede moverse en él con mayor seguridad.

Hoy sabemos que la formación de hábitos no solo crea estructura mental, sino que construye autonomía y seguridad emocional.

La previsibilidad no se construye solo con horarios; se construye, sobre todo, a través de la comunicación.

Desde que un niño nace, la madre comienza a comunicarse con él mucho antes de que aparezcan las palabras. Aprende a leer el llanto, el gesto, la postura, el silencio. Sin manuales ni instrucciones, muchas veces de forma instintiva, responde a sus necesidades.

Esa comunicación temprana —verbal y no verbal— es la base del vínculo y se construye en la presencia diaria. El gran desafío de la maternidad se manifiesta cuando el niño crece y la comunicación requiere de orden, coherencia y constancia. Lo que antes era intuitivo ahora debe volverse intencional.

Cuando hablamos de formar hábitos, la comunicación cumple un papel fundamental. El niño sostiene la rutina con mayor facilidad al comprender con claridad lo que se espera de él. La comunicación efectiva consiste en decir lo justo, con precisión y de manera constante.

Anticipar los pasos del día es una forma profunda de cuidado. Frases simples como "después de cenar, nos bañamos y luego, a dormir" organizan el mundo interno del niño, brindándole una seguridad esencial. La comunicación clara tiene la virtud de reducir la ansiedad; al saber qué viene después, el cuerpo del niño se relaja y habita en un estado de calma.

A menudo, nuestros hijos buscan orientarse en medio de los mensajes que reciben, por lo que la coherencia en nuestras palabras les ayuda a encontrar el camino. Comunicar es establecer el límite con firmeza y amor. Validar la emoción es un acto de empatía que se mantiene unido a la regla establecida. Al decir "entiendo que estés triste", la palabra acompaña el sentimiento mientras el límite sostiene la estructura necesaria.

Cuando la palabra y la acción coinciden, el niño aprende a confiar. La comunicación se convierte así en un hábito invisible que ordena, anticipa y sostiene la vida diaria.

Del caos a la formación del hábito

Partimos de algo fundamental: la comunicación será una de nuestras herramientas más importantes en este proceso.
 Muchas veces, en medio del caos del día a día, sentimos que no nos entendemos con nuestros hijos. Interpretamos sus reacciones como desobediencia o mal carácter, cuando en realidad muchas de ellas reflejan la falta de hábitos y de un entorno poco predecible.
Entender esto cambia la mirada.
 La comunicación y la formación de hábitos evolucionan en una danza conjunta, fortaleciéndose mutuamente en cada paso del proceso.
Por eso, al hablar de hábitos, quiero comenzar por uno que suele pasar desapercibido, pero que tiene un impacto profundo en la vida familiar.

El hábito del orden emocional

El orden no tiene que ver únicamente con el uso del espacio.
 Un entorno ordenado impacta directamente el estado emocional y mental de las personas.
Vivir en un espacio organizado genera una sensación de control y bienestar psicológico. El cerebro interpreta ese ambiente como predecible, lo que reduce la sobrecarga mental.
 Por el contrario, el desorden constante —la acumulación de objetos y el exceso de estímulos visuales— puede aumentar la irritabilidad, afectar la atención y generar una sensación permanente de

agobio.

Esto es especialmente importante en la infancia.
El niño aún no tiene recursos internos para filtrar el
caos externo; el entorno cumple esa función por él.

Por eso, establecer rutinas sencillas de
organización no es un capricho ni una exigencia
estética. Es una forma concreta de ayudar al niño a
regularse. Y eso está al alcance de cualquier hogar,
sin importar el tamaño o los recursos.

Recuerdo a una mujer que vivía emocionalmente
muy cargada. Su casa estaba siempre desordenada,
llena de objetos viejos y cosas rotas. Tenía un niño
pequeño, y su comportamiento reflejaba
claramente ese entorno.

El niño tenía apenas cuatro años y mostraba mucha
frustración. Su madre se sentía superada y decía no
poder "controlarlo".

Surgió entonces una idea sencilla: organizar un
espacio solo para él. Un rincón con sus juguetes y
una pequeña zona para sentarse a jugar o dibujar.
Tiempo después, volvimos a visitarlos.

El resto de la casa seguía igual, pero ese rincón
estaba cuidado.

La madre nos dijo que, desde que el niño tenía ese
espacio, su actitud había cambiado: estaba más
tranquilo, menos reactivo.

No supe qué ocurrió después con esa familia, pero
confirmé algo importante:

a veces, un pequeño descanso visual es suficiente
para empezar a ordenar el mundo interno de un
niño.

Esta idea no es nueva. En Japón existe una filosofía
sencilla conocida como las **5S**, que busca crear

entornos que ayuden a vivir con mayor claridad, respeto y equilibrio.

No se trata de perfección ni de casas impecables, sino de espacios que no sobrecarguen la mente.

Antes de intentar ordenar la mente, podemos empezar por organizar el espacio:

- Conservar solo lo necesario
- Dar un lugar claro a cada cosa
- Mantener lo básico limpio
- Sostener rutinas simples
- Ser constantes

¿Cómo empiezo sin abrumarme?

No necesitas cambiar toda la casa ni todas tus rutinas.

Vamos un paso a la vez. Las grandes decisiones se sostienen con pequeños pasos.

Primer hábito: orden emocional y ambiental
Empieza por un solo espacio:
puede ser su caja de juegos, un estante, un escritorio o un cajón de camisetas.
(Este será el primer lugar donde el niño experimentará orden y previsibilidad.)
Menos objetos significan más calma. Para evitar la sobreestimulación, trabaja más con claridad que con cantidad.
Sugerencia: rota juguetes; guarda algunos y deja visibles solo los que se usan.
Un lugar para cada cosa y cada cosa en su lugar.
Es la repetición la que nos guía y les ayuda.
Cuando el niño sabe dónde va algo y qué ocurre después, su ansiedad disminuye.

Al inicio, el adulto sostiene el hábito.
Ordenas con él, recuerdas y marcas el cierre.
Este proceso afianza el aprendizaje. El hábito se mantiene firme incluso cuando aparece el llanto. La resistencia al cambio es una respuesta natural que los niños expresan a través de sus lágrimas.
Si hay llanto: acompaña y no retrocedas. Sé firme con amor.
Toda rutina necesita inicio y cierre.
Canciones, frases repetidas o gestos claros ayudan al cerebro a comprender que algo comienza y termina.

Para cerrar este capítulo, toma estas tres certezas para tu camino:
Enfócate en lo esencial.
Abraza tu proceso.
Sé constante.
Al final del día, el orden es un regalo que nos hacemos para encontrar serenidad. Nuestra búsqueda de equilibrio tiene un diseño divino:

"Pues Dios es Dios de paz".
—1 Corintios 14:33.

Al ordenar nuestro entorno y nuestras emociones, preparamos el escenario para que Su paz habite en nosotros sin estorbos. Haz de tu espacio un reflejo de esa promesa.

En el universo de Hanna

"Cuando el orden reina."

Hanna había pasado toda la tarde jugando con sus amigos en el cuarto.
 Sagu, su conejo fiel, le había recordado tomar un momento para organizar sus blusas, pero ella estaba ocupada: con las sábanas había construido una tienda para acampar.
Mamá había pasado varias veces por la habitación.
 Observaba y sonreía.
De pronto, desde la cocina, comenzaron a escucharse sonidos familiares.
 Mamá tarareaba esa canción que siempre canta cuando la comida está casi lista.
Hanna se levantó de un salto.
 El acuerdo era claro:
antes de cenar, el cuarto debía volver a estar en orden.
Empezó a moverse rápido, sin saber bien por dónde comenzar.
 Dogui ladraba y correteaba a su alrededor, jugando.
Hanna dio un pequeño grito.
Todo quedó en silencio.
Desde debajo de las sábanas saltó Michico.
 —Estás muy apurada —dijo—. Ya sabes dónde va cada cosa.
 —Pero... ¿por dónde empiezo? —preguntó Hanna.

Sagu, el tierno conejo, se acercó a las sábanas.

—Doblemos primero la tienda —dijo—. Luego, todo va a ponerse en su lugar.

Hanna comenzó a ordenar.

Esta vez, con calma.

Cuando terminó, el cuarto respiraba distinto.

Entonces escuchó la voz de mamá, desde la cocina:

—Hanna, la comida está servida.

La previsibilidad es la base de seguridad que sostiene el crecimiento de nuestros hijos.

Capítulo 6

Constancia y coherencia del adulto

"La confianza del niño se construye cuando el adulto permanece disponible de manera constante."

— John Bowlby, A Secure Base (1988)

La integración de los hábitos en la vida familiar alcanza su madurez en la capacidad de sostenerlos. La constancia del adulto es el cimiento de la seguridad emocional del niño; es la decisión consciente de mantener el orden y la estructura como un regalo de estabilidad para el hogar.

Cuando perseveramos transformamos la rutina en un refugio predecible y lleno de cuidado.

Mantener una decisión importante frente a una necesidad que nos confronta requiere presencia. Entender el camino es el primer paso, pero habitarlo día tras día es el verdadero acto de amor.

Aún recuerdo con cariño cuando aprendía las tablas de multiplicar. Mi abuela me acompañaba en ese proceso utilizando pequeñas fichas de madera. En ellas escribía la operación y dibujaba grupos que representaban la multiplicación. Pasamos muchas tardes jugando de esa manera, hasta que las tablas quedaron grabadas en mi memoria. Ella saltaba de un número a otro, observando con atención mi aprendizaje. Lo que marcó mi vida más allá del método, fue su presencia constante.

Hoy, como maestra de matemáticas y física, reafirmo esta verdad: la constancia amorosa y sostenida es la que produce resultados duraderos.

La presencia, repetida en el tiempo, es la que transforma un recurso en aprendizaje.

Para John Bowlby, la formación de hábitos está profundamente vinculada a la seguridad emocional. Para que un niño logre integrar un hábito o explorar su entorno, necesita una Base Segura. Cuando el adulto es permanente y predecible, el niño habita un estado de calma. Desde ese reposo, su cerebro puede dedicar sus recursos a aprender rutinas.

El adulto, a través de su presencia, presta su propio sistema nervioso para ayudar al niño a regularse.

Cuando el niño reconoce esa permanencia, internaliza la estructura del adulto. Aquello que inicia como un hábito compartido se transforma, con el tiempo, en una capacidad autónoma. A través de la presencia constante, el niño construye un mapa mental donde el mundo es comprensible.

Así, los hábitos se integran como parte natural de una vida organizada y segura.

El mensaje de la inconsistencia

Cuando la permanencia del adulto se debilita, el proceso de habituación se interrumpe. La ansiedad por la separación ocupa el lugar del aprendizaje y el niño prioriza asegurar la atención y la presencia del adulto.

El desorden, la irritabilidad o el rechazo a rutinas simples como comer o dormir son señales de un vínculo que necesita volver a ordenarse desde la presencia.

Lograr un vínculo sólido requiere una disposición que se cultiva día tras día. Ser una referencia confiable implica reconocer que el niño necesita que nosotros sostengamos primero aquello que deseamos ver reflejado en él.

La constancia se apoya en la responsabilidad emocional: la decisión de regresar al propósito inicial, de retomar los límites y sostener la rutina incluso en medio del cansancio.

El niño encuentra su descanso en el adulto que permanece disponible, que no contradice lo esencial y que mantiene el rumbo. En esa coherencia, el niño puede relajarse y confiar.

El aprendizaje compartido

La crianza es también un proceso de aprendizaje para el adulto. Así como el niño aprende a organizarse, nosotros aprendemos a enseñar, a sostener el apego sin perder nuestro lugar y a poner límites sin retirarnos del vínculo.
El hábito es un camino de doble vía: mientras el niño aprende qué hacer, el adulto aprende cómo estar.
Cuando el adulto se permite aprender junto al niño, la rutina se vive como un espacio compartido. Cada niño es un ser único que requiere ser reconocido en su individualidad.
 Criar implica revisar nuestros propios paradigmas y elegir conscientemente cómo estar presentes.
Al aceptar la naturaleza humana y evolutiva de este camino, la crianza se vuelve una experiencia viva, posible y profundamente significativa.
La Escritura nos entrega una guía clara y liberadora:

"Educa al niño en su camino, y aun cuando fuere viejo no se apartará de él." — **Proverbios 22:6**
Educar en su camino es caminar con él, observar y sostener su descubrimiento personal. Dios nos llama a reconocer la identidad de cada hijo por su nombre, respetando su carácter y sus tiempos. El camino se forma en la repetición amorosa y en la

coherencia cotidiana. Cuando asumimos nuestro rol con fidelidad, el hábito se convierte en un sendero transitado en compañía. Mientras educamos al niño, nosotros también somos formados en el arte de sostener nuestro propio camino.

Un Regalo: El Hilo de la Madeja (La Regla de los Cinco Minutos)

Sostener la constancia y la coherencia en el hogar requiere un punto de partida: un pequeño hilo del cual tirar cuando la madeja de la vida diaria parece demasiado enredada. **A veces, la mayor dificultad no es la tarea en sí, sino encontrar por dónde comenzar a desenredar el agobio.**
La Regla de los Cinco Minutos es ese primer movimiento hacia la calma: todo aquello que requiere cinco minutos o menos **es mejor hacerlo en el momento.**
Siempre les digo a mis estudiantes que las materias no se vuelven difíciles por su complejidad, sino cuando permitimos que los pendientes se acumulen. **Lo simple, cuando se posterga, pierde su ligereza y comienza a pesarnos.**
En la crianza ocurre lo mismo: ese vaso que no se llevó a la cocina o ese zapato fuera de su lugar **no son graves por sí mismos,** pero al encontrarlos más tarde, **se convierten en recordatorios silenciosos de lo que aún no hemos resuelto. Poco a poco, se transforman en carga mental que nos roba energía.**

Aliviar esta carga es un acto de amor propio.
Realizar una acción pequeña de inmediato —tender
la cama, recoger un espacio básico o decidir sobre
una tarea pendiente— es una victoria cotidiana.
Estas pequeñas conquistas elevan el ánimo y le
devuelven al cuerpo la señal de que sí es posible
sostener el camino.
La paz del final del día es el fruto precioso de las
decisiones sencillas y conscientes que tomamos en
el presente.
Cuando te mueves con esa claridad frente a lo
pequeño, el niño observa, imita y aprende. El orden
deja de ser una imposición y se convierte en un
ritmo natural, construido en tu presencia. Al tirar
de este hilo de cinco minutos, permites que toda la
estructura de tu hogar se alinee con tu propósito,
regalándote a ti misma y a tu familia un espacio de
ligereza y bienestar.

En el universo de Hanna

"El Ritmo de la Creación en lo Cotidiano."

Era una tarde de domingo tranquila.
 Hanna había ido a la iglesia y regresó a casa con una reflexión que no quería guardarse solo para ella.
Reunió a sus amigos y los sentó en círculo, como si fuera la maestra. Dogui, su fiel perro, se acurrucó muy cerca, observando con atención cada gesto de Hanna, como si supiera que algo importante estaba por comenzar.
Michiko, el gato, dio un pequeño bostezo, dejando claro que necesitaba acción. En ese momento, con dos brincos rápidos, llegó Sagu, su tierno conejo, que se sentó derecho, muy serio, y preguntó con curiosidad:
—Bueno, Hanna... ¿qué nos vas a enseñar hoy?
Hanna suspiró. Se acomodó el vestido y se aclaró la garganta, como quien está a punto de dar un gran discurso.
—Hoy nos enseñaron que Dios es un Dios de orden —dijo—. Y que, siendo Dios, no lo hizo todo en un solo día. Dividió la creación en seis días.
Michiko levantó la cabeza de inmediato.
—¡Y el séptimo descansó! —dijo con firmeza.
Hanna sonrió.
—Exacto.
Michiko frunció un poco el ceño y agregó:

—A veces yo dejo todo para hacerlo el último día... y termino cansado. Hay que hacer lo que hay que hacer, cuando toca hacerlo.
Se hizo un pequeño silencio.
Dogui apoyó la cabeza en el suelo, como si esa idea también le hubiera llegado al corazón.
 Sagu asintió despacio.
Hanna miró alrededor y entonces notó algo: un libro había quedado fuera de su lugar, junto al sillón. No era grave. Nadie lo había dicho. Pero estaba ahí.
Sin interrumpir la conversación, Hanna se levantó, tomó el libro y lo colocó en su estante. El gesto fue simple. Rápido. Natural.
 Volvió a sentarse.

Un hábito bien sembrado es tiempo recuperado; es la libertad de vivir el presente sin el peso de lo pendiente.

Capítulo 7

Errores, reparación y gracia

"La reparación de las rupturas interactivas es el proceso más poderoso en el desarrollo del niño; le enseña que la negatividad puede ser superada y que las relaciones pueden ser restauradas."

— Dr. Ed Tronick, 2007

A menudo, las madres cargamos con una definición de error que pesa más de lo que debería. Hemos crecido bajo la idea de que equivocarse es romper algo que no tiene arreglo, o que un mal momento borra todo el esfuerzo anterior. Desde ese lugar, el error se vive como una amenaza constante: a la relación, al vínculo, al desarrollo del niño.

Sin embargo, la ciencia del desarrollo, la pedagogía y la experiencia clínica nos invitan a mirar el error desde un lugar mucho más humano y funcional. En estas páginas no buscamos una forma única y correcta de ser madre, porque esa perfección no existe. Lo que buscamos es una estandarización de conceptos: marcos estudiados por profesionales que nos ayudan a comprender cómo funcionamos como adultos y cómo se sienten nuestros hijos. No como mandatos, sino como mapas.

Cuando entendemos que el error es información —y no una condena— la culpa pierde su poder. Equivocarse es la puerta abierta hacia el aprendizaje más profundo: el arte de la reparación.

El adulto que reconoce un error, que ajusta su ritmo y que vuelve al vínculo, siembra una resiliencia profunda en el corazón del niño.

La gracia es, precisamente, ese espacio seguro donde aceptamos nuestra humanidad mientras seguimos creciendo.

Crecí en un hogar disfuncional. He vivido los errores de los adultos desde que nací y, con el tiempo, ese recorrido se convirtió en un proceso de transformación genuina. Llegar a donde estoy hoy con la certeza de que los errores de mis padres no me definieron —pero sí me estructuraron— ha sido una comprensión profunda. Esos errores se transformaron en alertas de lo que no quiero repetir, pero también en ejemplos de amor, de reparación y de perdón.

Como cristiana, aprendí que el amor de Dios se expresa a través de la gracia. Comprendí que no puedo hacer menos con mis hijos y que mis padres, a su vez, también fueron el resultado de los errores de los suyos. La historia no comienza con nosotros, pero sí puede transformarse con nosotros.

La Belleza de la Cicatriz Dorada

En Japón existe un arte ancestral llamado Kintsugi. Cuando una pieza de cerámica valiosa se rompe, los maestros artesanos no intentan ocultar las grietas con pegamento invisible. En su lugar, unen los fragmentos con una resina mezclada con polvo de oro.

El resultado es una pieza que muestra con orgullo sus cicatrices doradas. Para ellos, el jarrón no está "arruinado"; al contrario, su historia de ruptura y reparación lo ha vuelto más hermoso y único.

Como madres, a veces tememos que nuestros errores dejen marcas permanentes en nuestros hijos, como si fuéramos jarrones de cristal que deben mantenerse intactos a toda costa. Sin embargo, la verdadera maestría en la crianza no reside en la ausencia de grietas, sino en nuestra capacidad de aplicar el "oro" de la reparación.

Cuando nos equivocamos —porque estamos

cansadas, porque perdimos la paciencia o porque el ritmo del trabajo nos superó— y regresamos al niño para pedir perdón, para explicar o para abrazar, estamos haciendo Kintsugi emocional. Esa grieta, sellada con el oro de la gracia y la humildad, fortalece el vínculo. El niño aprende algo vital: que el amor es capaz de restaurar lo que se ha roto.

No buscamos ser piezas perfectas de museo, frías e intocables. Buscamos ser madres reales que, con cada reparación, le enseñan a sus hijos que en este hogar, la humanidad siempre es bienvenida.

El error moderno: la presencia interrumpida

Hoy enfrentamos un desafío que las generaciones anteriores no conocieron: la distracción digital. A menudo, el error es más algo que dejamos de hacer que algo que hacemos. Es esa presencia constante que se ve fragmentada por la pantalla del celular.

Cuando sustituimos la mirada al hijo por la mirada al dispositivo, estamos enviando un mensaje involuntario: "Lo que ocurre en este mundo virtual es más importante que lo que estás intentando comunicarme."

El Dr. Ed Tronick, en sus estudios sobre la conexión, demostró que la falta de respuesta emocional —el rostro inexpresivo que a veces adoptamos frente a una pantalla— genera angustia en el niño.

Escuché una vez a una madre decir, con orgullo, que su bebé de apenas días "ya sabía" cuándo le tomaban fotos. Lo que ese niño registraba no era el dispositivo, sino el cambio en la presencia: el rostro que se tensaba, la atención que se desplazaba, el vínculo que se interrumpió por instantes que, repetidos, comienzan a formar hábito.

El celular no solo nos quita tiempo; nos quita la capacidad de reparación inmediata. Si no advertimos que el jarrón se ha agrietado porque estamos mirando hacia otro lado, no podemos aplicar el oro de la gracia.

Esta desconexión está atrofiando la capacidad de los niños para regular sus propias emociones, porque no encuentran en nosotros ese espejo donde entenderse.

La presencia plena es la que enseña a autorregular. Brindar una respuesta atenta y constante es un acto de verdad liberador que fortalece el corazón de nuestros hijos.

Reparar aquí significa guardar. Guardar el dispositivo para recuperar la mirada. Es momento de integrar la tecnología como una herramienta a nuestro servicio, asegurando que el camino entre nuestro corazón y el de nuestros hijos permanezca siempre despejado.

El valor de la reparación: un enfoque en los principios.

"Una familia sana no es aquella que no tiene crisis, sino aquella que ha aprendido a gestionarlas con la honestidad de reconocer sus propios errores." — Dr. David Hormachea (2002)

Para muchas madres, el nombre del **Dr. James Dobson** puede no resultar familiar, pero su trabajo ha sido un pilar en hogares y espacios de formación a través de Enfoque a la Familia. Como psicólogo y autor, Dobson dedicó su vida a reflexionar sobre la crianza desde un equilibrio vital entre el amor, la autoridad y la relación. Su aporte ha sido fundamental para poner palabras a algo esencial: educar consiste, ante todo, en sostener vínculos. Dobson ayudó a establecer los cimientos de lo que hoy comprendemos como una crianza con propósito, basándose en pilares que dan estructura al corazón del hogar. Él nos enseñó que la conducta es siempre un puente de comunicación; detrás de cada desafío o error, hay una oportunidad de conexión. Su enfoque dio relevancia a la protección del espíritu del niño, diferenciando la disciplina necesaria del daño a la identidad. Para él, la verdadera autoridad se cultiva en el terreno de la seguridad emocional: cuando un niño se siente profundamente amado, su corazón se vuelve receptivo a la instrucción.

Desde este marco, principios que hoy consideramos fundamentales —como la prioridad de la relación, la reparación y la coherencia del adulto— tomaron forma en el lenguaje cotidiano de las familias. Si el Kintsugi nos regala una visión poética del error, este enfoque profesional nos confirma que la relación es siempre la prioridad. El error, cuando ocurre dentro de un ambiente de principios claros, no debilita la autoridad de la madre; al contrario, la humaniza y la fortalece. Un principio esencial en este modelo de formación es que:

"La disciplina sin una relación sólida conduce a la rebeldía, pero la disciplina envuelta en amor y

gracia construye el carácter."
Al reconocer las leyes que rigen el comportamiento humano, comprendemos mejor nuestra propia naturaleza. Así como un jarrón responde a leyes físicas que explican su fragilidad, nuestra paciencia tiene sus propios límites y nuestras reacciones pueden fallar.

Aceptar nuestra humanidad es el primer paso para abrazar la gracia que sostiene nuestra labor diaria.

Desde esta comprensión, la reconciliación oportuna se convierte en nuestra herramienta más valiosa. El Dr. Dobson enfatizaba que el "oro" de la reparación aparece tras el conflicto: es ese momento donde el adulto toma la iniciativa de restaurar el afecto, asegurando que el hijo sepa que su valor permanece intacto a pesar del tropiezo.

No se trata de omitir lo sucedido, sino de usar la estructura del hogar para cerrar el círculo: reconocer la falta, restaurar el afecto y reafirmar el límite con claridad y suavidad. La gracia, desde este lugar, es la presencia de una madre lo suficientemente fuerte para admitir su humanidad y lo suficientemente consciente para guiar a su hijo de regreso al camino.

Esa misma fuerza que nos permite reconocer nuestra humanidad nos conduce a otro pilar fundamental en la formación familiar. En la voz del Dr. David Hormachea, la reparación se vincula directamente con la honestidad y la responsabilidad personal del adulto. Una familia saludable no es aquella que vive sin conflictos, sino aquella que ha desarrollado la capacidad de afrontar sus crisis con verdad e integridad.

Desde esta perspectiva, la reparación deja de ser solo un acto emocional para convertirse en un acto de carácter. El liderazgo de una madre se fortalece cuando ella es capaz de nombrar la realidad sin orgullo ni evasión. Cuando la gracia se une a esta responsabilidad, la madeja comienza a desenredarse: el error deja de ser un abismo y se convierte en el terreno donde se forma el carácter, tanto el nuestro como el de nuestros hijos.

La gracia del perdón

El perdón es uno de los pilares más profundos de la reparación. No como un gesto aislado, sino como una disposición que atraviesa el tiempo. Perdonar no ocurre en un solo lugar de la vida; ocurre en capas.

Existe un perdón que mira hacia atrás. El perdón al pasado, como hijas. Perdonar no significa negar lo vivido ni minimizar las heridas, sino dejar de cargar con aquello que ya no podemos cambiar. En mi propia historia, aprender a perdonar a mis padres fue también aprender a comprenderlos como seres humanos frágiles, formados a su vez por otras historias. Ese perdón no borró lo ocurrido, pero me permitió soltar el peso que no me correspondía seguir llevando.

Existe también un perdón que habita el presente. El perdón como madres. Perdonarnos cuando no llegamos, cuando reaccionamos desde el cansancio, cuando erramos a pesar de nuestro deseo de hacerlo mejor. Este perdón no es permisividad ni excusa; es el punto desde el cual podemos volver al vínculo sin quedarnos atrapadas en la culpa. Una madre que se perdona puede reparar. Una madre que no se perdona, se paraliza.

Y existe un perdón que se convierte en enseñanza. El perdón que modelamos para nuestros hijos. Cuando un niño ve a un adulto reconocer un error, pedir perdón y volver a intentarlo, aprende algo que ninguna corrección aislada puede enseñar: que las relaciones no se rompen para siempre, que el amor puede restaurar, y que equivocarse no es el final del camino.

Junto al perdón, emerge otro pilar silencioso pero esencial: la humildad. La humildad es reconocer nuestra propia fragilidad y aceptar que estamos en un proceso de aprendizaje donde siempre es posible pedir ayuda. Es también la humildad de sujetarnos a principios, a vínculos y a un camino que recorremos acompañadas.

La humildad fortalece la autoridad de una madre y la vuelve confiable. Los niños florecen con adultos verdaderos; aquellos que tienen la valentía de decir "me equivoqué", "estoy aprendiendo a hacerlo mejor" o "vamos a intentarlo de nuevo". En ese gesto, la autoridad se humaniza y se vuelve un puente de conexión.

El perdón y la humildad transforman el error. Y es en ese espacio —donde la fragilidad es reconocida y la gracia es recibida— donde la reparación florece y el vínculo encuentra nuevamente su lugar de paz.

El Refugio de la Gracia

Tras recorrer el camino del aprendizaje y buscar la reparación, llegamos al lugar de donde emana toda nuestra capacidad de restaurar: la fuente misma de la gracia.

Como madres, recordamos que antes de ser guías para nuestros hijos, somos hijas sostenidas por un amor eterno. Cuando la madeja se enreda y nuestras fuerzas flaquean, habitamos en una invitación permanente:

"Así que acerquémonos confiadamente al trono de la gracia para recibir la misericordia y encontrar la gracia que nos ayude oportunamente." — Hebreos 4:16

Este es nuestro mayor principio de vida: el auxilio oportuno. Dios nos invita a acercarnos con total confianza. Esa misma seguridad que deseamos que nuestros hijos sientan al venir a nosotros es la que Dios nos ofrece en cada momento.

En este trono habita la misericordia que repara nuestras grietas con el oro de Su amor, permitiéndonos volver a casa con el corazón restaurado y listas para seguir construyendo.

Pilares del Capítulo 7: Errores, Reparación y Gracia

Vínculo como Prioridad: La relación es el terreno donde la instrucción echa raíces; sin conexión, la disciplina pierde su propósito.

Integridad en la Crisis: La salud familiar es la gestión honesta de los conflictos, asumiendo la responsabilidad de nombrar la realidad.

Reparación como Oro: El error es una oportunidad de modelaje. Reparar nos humaniza y fortalece la resiliencia del niño.

Perdón en Capas: Una disposición que nos libera del pasado, nos quita la culpa en el presente y modela restauración para el futuro.

Humildad Confiable: Reconocer la fragilidad no debilita la autoridad, la vuelve verdadera y segura para nuestros hijos.

En el Universo de Hanna

"La gracia del perdón"

Hanna amaneció sin ganas de ir a la escuela. Era miércoles, y a ella le encantaban los miércoles porque tenía educación física. Pero ese día algo no andaba bien.

Cuando se sentó en la cama, sintió que el mundo giraba. Sin decir nada, volvió a acostarse.

Su mamá pasó por el pasillo con una cesta de ropa. Sin asomarse al cuarto, dijo con voz apurada:

—Es hora de salir de la cama.

Hanna no respondió.

Cinco minutos después, mami volvió a pasar.

—Levántate, Hanna. Es hora de ir a la escuela.

Hanna siguió en silencio y se giró hacia el rincón. En ese momento, su cuerpo ardía de fiebre, pero ella no sabía cómo explicarlo.

Un rato después, Michiko se acercó y maulló con firmeza:

—Basta de pereza. Es hora de ir a la escuela.

Dogui, en cambio, se acurrucó a sus pies, como diciendo sin palabras: podemos quedarnos un rato más.

Pasados unos minutos, mamá volvió. Esta vez entró al cuarto.

—Tienes que ir —dijo con molestia—. Tu uniforme de educación física ya está listo.

Pero al acercarse, algo la detuvo. Vio el rostro de Hanna, pálido y encendido a la vez. La tocó.
Sintió el calor.
La angustia le llegó de golpe.
Hanna abrió los ojos y, con una sonrisa pequeña, la miró.
—Mamita... hoy no voy a la escuela.
Sagu dio dos brinquitos y se acomodó sobre las piernas de mami. Con suavidad, como si hablara por todos, dijo:
—Todo va a estar bien.

La reparación sostiene el vínculo.

Capítulo 8

Esperanza

(Nadie llega tarde)

"He aquí, yo hago nuevas todas las cosas."
— Apocalipsis 21:5

Existe una idea silenciosa que a veces intenta habitar en el corazón de las madres: la sensación de que el tiempo ha avanzado más rápido que nuestras acciones. Sentimos que los límites, los hábitos o la restauración de las grietas pertenecen a un pasado que ya se fue.

Sin embargo, la esperanza madura se mide por la dirección del corazón. En la crianza, mientras el vínculo respira, siempre es el momento oportuno. La formación es un flujo de procesos vivos. El cerebro del niño posee una plasticidad asombrosa, su carácter es un relieve que se moldea constantemente y su corazón permanece, por diseño, abierto a nuevas experiencias de conexión. La estructura echa raíces hoy. La reparación es el cimiento de esta tarde. La intención nace en este mismo instante.

La Gracia nos recuerda que el presente es el lugar donde tenemos capacidad formativa. Educamos desde la visión de lo que "puede llegar a ser". La esperanza es la decisión de formar con intención, regular en medio de la tempestad y sostener el vínculo con una dedicación constante.

I. La esperanza forma con visión

«Oh Señor de los Ejércitos Celestiales, si miras mi aflicción y respondes a mi oración y me das un hijo, yo se lo entregaré al Señor para toda su vida».
— 1 Samuel 1:11

Para comprender la magnitud de la maternidad intencional, debemos contemplar la figura de Ana. Su vida es el testimonio más puro de una esperanza que no espera pasivamente, sino que se prepara. Tras años en el desierto de la esterilidad, Ana recibió a Samuel con una conciencia agudizada: el tiempo bajo su techo sería breve.

Esa brevedad transformó su esperanza en una visión estratégica. Ana crió a Samuel con el propósito sagrado del envío. Aquí hallamos la definición más alta del éxito materno: nuestra labor se manifiesta en la plenitud con la que nuestros hijos están preparados para partir. Educamos para brindarles las alas de la autonomía; educamos para soltar con paz.

Consciente de que Samuel habitaría pronto en el templo —un entorno de grandes desafíos—, Ana actuó con una intencionalidad extraordinaria. Se dedicó a cultivar un **apego seguro**: un vínculo tan sólido y rebosante de gracia que otorgó al niño la libertad de soltar la mano de su madre para sostenerse con firmeza de la mano de Dios. Ana fomentó en él una autonomía saludable y una seguridad interna tan profunda que se convirtió en su mayor armadura.

En esos pocos años, ella cultivó en él lo esencial: ritmos de oración, hábitos de orden y una disciplina envuelta en amor. Esta preparación fue la base sólida donde creció la capacidad de Samuel para discernir. Años después, cuando una voz lo llamó en el silencio de la noche, Samuel pudo responder porque aprendió a escuchar en la seguridad de su hogar. La guía constante de su madre había preparado su corazón para reconocer la Verdad. Como madres, nuestra esperanza se nutre de esta visión de futuro. Reconocemos que el presente es el momento oportuno para construir una seguridad interna en nuestros hijos, un refugio que los acompañará en todo tiempo y lugar. Al establecer límites claros y fomentar la constancia, estamos formando con amor su brújula interior, dándoles la seguridad necesaria para caminar con confianza.

II. La esperanza regula en medio de la tensión

«¡Ah, señor mío! dad a ésta el niño vivo, y no lo matéis».
— 1 Reyes 3:26

La historia nos sitúa en la corte del rey Salomón ante un dilema que parece no tener salida: dos mujeres reclaman la maternidad de un mismo bebé. Para revelar la verdad, el rey propone una solución radical: dividir al niño en dos con una espada. En ese instante de crisis súbita, donde un solo segundo define el destino, emerge la verdadera esencia de la maternidad. Mientras una de las figuras acepta la división, la madre auténtica reacciona desde una claridad absoluta.

Su amor elige la preservación del hijo por encima de cualquier derecho de posesión; ella prefiere entregar su anhelo de tener al niño con tal de asegurar su existencia. Ella prioriza la vida por encima de tener la razón.

Esta escena nos revela que la esperanza es la capacidad de regular la emoción bajo una presión extrema. La madre actúa desde el propósito superior de proteger lo esencial, manteniendo una calma interna que sostiene la vida incluso cuando el entorno es caótico. En ese instante, su amor transforma la necesidad de control en una entrega generosa que preserva el vínculo.

En la crianza cotidiana, enfrentamos nuestros propios "juicios salomónicos": momentos de alta tensión donde nuestras reacciones definen el bienestar emocional de nuestros hijos. La autoridad emocional es esa fortaleza que nos permite sostener la conexión con integridad, eligiendo siempre el bienestar del hijo por encima del impulso del momento. Al igual que aquella madre, descubrimos que amar es la sabiduría de priorizar la paz para asegurar que el corazón de nuestro hijo permanezca a salvo.

Aquí, la esperanza se traduce en nuestra capacidad de mantener la calma en el presente. Es esa pausa necesaria que nos permite actuar con madurez e intención. Al regular nuestra reacción, les enseñamos a nuestros hijos una verdad fundamental: que las dificultades son oportunidades para fortalecer nuestra unión y hacernos más unidos. La esperanza madura comprende que cuidar el corazón de nuestro hijo es el mayor logro de nuestra maternidad.

III. La esperanza repara y reorganiza

La ciencia del apego confirma nuestra esperanza al mostrarnos que el vínculo es una relación viva que se fortalece con cada nueva experiencia que compartimos.
Es muy valioso comprender que los hijos desarrollan una seguridad interna cuando sienten que el mundo es un lugar seguro y que son personas dignas de ser amadas. Esta certeza se nutre de nuestra presencia constante y, sobre todo, de nuestra disposición para fortalecer el vínculo con ternura en la vida cotidiana.
El destino emocional de tu hijo tiene la capacidad de florecer a través de tu intención presente.
Estamos a tiempo de enriquecer ese mapa interno:
- Donde habita la rigidez, hoy puede florecer la flexibilidad.
- Donde ha existido distancia, hoy puede cultivarse la cercanía.
- Donde ha reinado el caos, hoy puede establecerse la estructura.

La esperanza madura reconoce que la historia familiar permanece viva. Cuando formamos con intención, regulamos nuestras emociones y practicamos la reparación constante, reorganizamos positivamente ese mapa interno en el niño. Le enseñamos que el amor es una presencia fiel que siempre encuentra el camino de regreso.

IV. La esperanza madura al atravesar el proceso

Hablar de esperanza es sencillo cuando contemplamos los relatos bíblicos o los fundamentos de la psicología. Sin embargo, la esperanza real se pone a prueba en lo cotidiano: en el cansancio del final del día, en los momentos de duda y en aquellas jornadas donde sentimos que no lo hicimos bien.

Como madre y educadora, he atravesado etapas en las que la idea de "haber llegado tarde" intentó paralizarme. Momentos en los que pensé que un límite debió establecerse antes, que una conversación se postergó demasiado o que un error pudo haber evitado una herida innecesaria. Pero el tiempo me ha enseñado una verdad liberadora: la formación no se cancela por un tropiezo.

La crianza es el escenario donde la constancia de hoy se convierte en la seguridad del mañana. Al acompañar el crecimiento de nuestros hijos, nuestra propia vida adquiere una nueva profundidad, permitiéndonos vivir cada etapa con una madurez que solo el amor y la dedicación pueden darnos.

He sido testigo de cómo un cambio intencional en la forma de comunicar, una mayor coherencia en los límites o la constancia renovada en el vínculo, tienen el poder de transformar la atmósfera del hogar. Esta transformación no es un evento instantáneo, sino un proceso orgánico. Si algo he confirmado en este camino, es que los niños poseen una capacidad admirable de adaptación.

Ellos son profundamente sensibles al cambio cuando éste nace de una convicción interna en el adulto.

Cuando nosotras nos organizamos internamente, el entorno familiar comienza, casi por resonancia, a reorganizarse.

Estamos a tiempo para empezar a formar con intención.

La esperanza nos brinda la fuerza necesaria para habitar cada etapa del proceso. Es precisamente en ese caminar constante donde nuestra madurez como madres florece, volviéndose cada vez más bella y resistente.

V. La esperanza produce un vino excelente

"Todo el mundo sirve primero el buen vino... pero tú has reservado el buen vino hasta ahora."
— Juan 2:10

El milagro en las bodas de Caná nos ofrece certezas muy claras para nuestra labor en el hogar. En esta historia, la esperanza se manifiesta como una disposición activa que prepara el escenario para que Dios actúe.

Todo comienza con una obediencia serena: el agua siempre estuvo allí, pero el milagro requirió que alguien llenara las tinajas hasta el borde. En la crianza, esto se traduce en nuestra constancia diaria, en esos hábitos y ritmos de amor que parecen sencillos, pero que se convierten en la materia prima para una transformación superior.

Esta transformación ocurre bajo una dirección

materna clara.

 María, con la sabiduría de quien sabe a dónde acudir, dirige la necesidad hacia quien tiene el poder de solucionarla, recordándonos que nuestra labor es guiar el corazón de nuestros hijos hacia la Fuente que realmente puede saciarlos. Jesús, en obediencia al Padre, eleva nuestra entrega cotidiana —nuestra agua— a una categoría nueva.

Este milagro, aunque ocurre en la intimidad de las tinajas, se manifiesta para bendecir a toda una comunidad. Nos recuerda que no formamos a nuestros hijos solo para el seno del hogar, sino que los preparamos para ser ese "vino excelente" que el mundo necesita recibir. Al fortalecer nuestro hogar, estamos entregando un regalo a las generaciones por venir. Tu esfuerzo individual tiene un alcance que trasciende el presente.

A menudo pensamos que las mejores etapas ya pasaron. Sin embargo, en Caná, el vino más excelente fue el último en aparecer. Esto nos asegura que, bajo la bendición de Dios, nuestra historia familiar puede ganar calidad, profundidad y dulzura con el paso del tiempo.

La madurez es el nivel de plenitud que nos eleva hacia una conexión más profunda, donde la alegría se renueva y se fortalece.

La esperanza es la convicción de que Dios honra nuestra disposición de llenar las tinajas cada día, transformando nuestra constancia en la semilla de una alegría que está por venir.

Una última reflexión

Así como en Caná el milagro ocurrió después de que las tinajas fueron llenadas, también en la crianza muchas de las transformaciones más profundas aparecen después de un largo proceso de constancia.

A veces miramos nuestra historia y sentimos que algunas cosas debieron comenzar antes. Pensamos en los errores, en las etapas difíciles o en los momentos en que no supimos cómo actuar. Pero la formación de un niño no depende de un instante perfecto, sino de la dirección que elegimos sostener con el paso del tiempo.

Cada hábito que decides construir, cada límite que mantienes con amor, cada reparación que realizas cuando algo se rompe y cada momento en que eliges permanecer en el vínculo son tinajas que se llenan poco a poco.

La gracia de Dios tiene la capacidad de tomar lo cotidiano y transformarlo en algo nuevo.

Por eso la esperanza no es una ilusión ingenua. Es la certeza de que, mientras caminamos con intención y fidelidad, Dios sigue obrando en medio de nuestra historia.

En Caná, el mejor vino no apareció al principio de la celebración.

Apareció después.

En la crianza ocurre algo parecido: con el paso del tiempo, la constancia, la madurez y la gracia van produciendo una relación más profunda, más firme y más llena de significado.

Lo mejor de tu historia se está preparando hoy.

En el Universo de Hanna

Hanna se detuvo frente a la puerta de su habitación.

Abrió los ojos con asombro y la boca quedó entreabierta.

Miró uno a uno a sus fieles compañeros.

Dogui tenía una sonrisa dibujada en el rostro.

Michiko observaba con su ceño fruncido.

Sagu sostenía su pequeña patita sobre la barbilla, pensativo.

Todos recordaban la última recomendación de mamá:

—Hanna, no olvides cerrar la ventana. El viento de otoño hará su trabajo en tu habitación.

El silencio duró solo un instante.

Michiko fue el primero en hablar:

—Tenías que haber cerrado la ventana.

Dogui fue el segundo. Daba vueltas por el cuarto mientras arrastraba las hojas secas que cubrían el piso. —No es tan grave —dijo moviendo la cola—. Podemos aprovechar y jugar un poco con ellas.

Hanna, aún sorprendida, miró a Sagu.

El pequeño conejo habló con su voz apacible:

—Primero vamos a organizar el cuarto y después terminamos el dibujo de la tarea. No es necesario hacerlo todo en un día, pero lo urgente hay que corregirlo.

Hanna respiró profundo, recogió una hoja del piso y sonrió.

—Creo que hoy empezamos por ordenar.

La esperanza sostiene el proceso hasta que el fruto aparece.

Autores y fundamentos

 El presente libro se nutre de aportes provenientes
de la psicología del desarrollo, la educación y la
reflexión sobre la formación familiar. A lo largo de
sus páginas se mencionan ideas y enfoques
inspirados en el trabajo de diversos autores que
han contribuido a comprender mejor el
crecimiento emocional de los niños y el papel de
los adultos en su desarrollo.
Entre los autores que han influido en estas
reflexiones se encuentran:

John Bowlby – Teoría del apego y la importancia del
vínculo seguro en el desarrollo emocional.

Alfred Adler y Rudolf Dreikurs – Disciplina positiva,
pertenencia y participación del niño en la vida familiar.

Diana Baumrind, Ph.D. – Investigación sobre los estilos
de crianza y su impacto en el desarrollo emocional y
social de los niños.

Daniel J. Siegel – Neurociencia interpersonal y
desarrollo del cerebro infantil.

James Dobson – Reflexiones sobre disciplina, vínculo y
formación del carácter en el contexto familiar.

David Hormachea – Perspectiva sobre la salud familiar,
la responsabilidad emocional y la gestión de conflictos.

Además de estos enfoques psicológicos y educativos, este libro se inspira en principios presentes en la tradición bíblica, particularmente en textos que reflejan la formación del carácter, la sabiduría y la importancia del amor en la vida familiar.

Estas referencias no pretenden constituir un estudio exhaustivo, sino ofrecer un marco conceptual que ayude a comprender mejor los procesos descritos a lo largo del libro.

Hanna's Universe

Un espacio dedicado a acompañar a las familias
en la formación emocional, espiritual y
educativa de los niños.
Historias, libros y recursos que ayudan a
cultivar hábitos, fortalecer el vínculo y
sembrar esperanza en el hogar.
Creado por

Rosalina Rangel

www.hannasuniverse.com